Gran Pirámide de Guiza

Grace Hansen

abdopublishing.com

Published by Abdo Kids, a division of ABDO, P.O. Box 398166, Minneapolis, Minnesota 55439.

Printed in the United States of America, North Mankato, Minnesota.

052018

092018

Spanish Translators: Laura Guerrero, Maria Puchol

Photo Credits: Alamy, iStock, Shutterstock

Production Contributors: Teddy Borth, Jennie Forsberg, Grace Hansen

Design Contributors: Dorothy Toth, Laura Mitchell

Library of Congress Control Number: 2018931845

Publisher's Cataloging-in-Publication Data

Names: Hansen, Grace, author.

Title: Gran pirámide de Guiza / by Grace Hansen.

Other title: Great pyramid of Giza. Spanish

Description: Minneapolis, Minnesota : Abdo Kids, 2019. | Series: Maravillas del mundo | Includes online resources and index.

Identifiers: ISBN 9781532180514 (lib.bdg.) | ISBN 9781532181375 (ebook)

Subjects: LCSH: Great Pyramid (Egypt)--Juvenile literature. | Pyramids of Giza (Egypt)--Juvenile literature. | Egypt--Antiquities--Juvenile literature. | Egypt--Civilization--To 332 BC--Juvenile literature. | Spanish language materials--Juvenile literature.

Classification: DDC 932--dc23

Contenido

La Gran Pirámide de Guiza

La Gran Pirámide de Egipto está en Guiza, cerca de El Cairo. El Cairo es la capital de Egipto.

Egipto

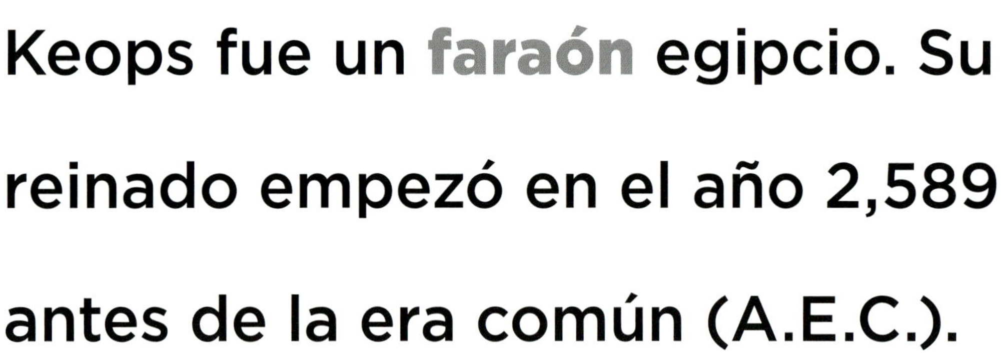

Keops fue un **faraón** egipcio. Su reinado empezó en el año 2,589 antes de la era común (A.E.C.).

Quería que lo enterraran en una tumba extraordinaria. Empezó a construir una pirámide enorme.

La construcción de la pirámide duró casi 20 años. Alrededor de 20,000 personas trabajaron en la pirámide. Se dice que Keops trató bien a sus trabajadores.

La pirámide tiene alrededor de 2.3 millones de piedras. Cada piedra pesa por lo menos 2 toneladas (1,814 kg).

La base de la pirámide mide 754 pies (230 m) de ancho. ¡Y mide 479 pies (146 m) de altura! Todavía hoy en día no se sabe cómo se pudo construir algo así.

En algún momento de su historia la pirámide ha tenido una puerta secreta. Dentro hay tres cámaras principales, la cámara del rey, la **Gran Galería** y la cámara de la reina.

cámara
del rey
Gran Galería
entrada
cámara de
la reina

La cámara del rey está en el centro de la pirámide. En su momento estuvo el cuerpo de Keops con sus tesoros. Pero los ladrones lo robaron todo hace muchos años.

19

El altiplano de Guiza

Hay tres pirámides más pequeñas cerca de la de Keops. Son las tumbas de sus esposas. La **Gran Esfinge** también está cerca. ¡Mucha gente la visita cada año!

Más datos

- La Gran Pirámide de Guiza mira hacia el Norte.
- Las otras dos pirámides grandes cerca de la de Keops son las de su hijo (Kefrén) y su nieto (Micerino).
- Nadie está seguro de cómo se construyeron las pirámides. Pero es probable que unas rampas ayudaran a colocar esas enormes piedras.

Glosario

faraón – rey del antiguo Egipto.

Gran Esfinge – enorme estatua de piedra caliza con cuerpo de león y cabeza de humano. Se piensa que la cara de la esfinge es la del faraón Kefrén, hijo de Keops.

Gran Galería – pasaje de 7 pies (2.1 m) de ancho y 153 pies (46.6 m) de largo que conecta otros pasajes más pequeños dentro de la pirámide.

Índice

¡Visita nuestra página **abdokids.com** y usa este código para tener acceso a juegos, manualidades, videos y mucho más!